特別報道写真集 永久保存版 伊勢志摩サミットの記録

伊勢志摩に主要国首脳が集結

主会場となった志摩観光ホテルの屋上庭園で記念撮影に臨むG7首脳たち。

純米大吟醸 半蔵

人と人を結ぶ乾杯の日本酒

伊勢志摩サミット ワーキングディナー 乾杯酒

ワイングラスでおいしい日本酒アワード 2013〜2016
4年連続 金賞受賞

原料米：山田錦　　精米歩合：40%
日本酒度：+4　　アルコール分：16度

洗練された米の味わい

伊賀盆地の中央、白鷺が飛び交う豊かな田園に囲まれた蔵で、厳寒期、少量小仕込みによって醸された純米大吟醸。
純米のコクのある味わいと吟醸酒の芳醇な香りが絶妙に調和した、淡麗かつ旨口の仕上がり。
和食だけでなく洋食にもよく合い、ワイングラスでより一層香りと味わいが引き立ちます。

酒米

古琵琶湖層が隆起してできた栄養素豊富な土壌と、昼夜の寒暖差が良質な酒米を育みます。丹精込めて育て上げた山田錦を40％に高精白したものを使用しています。

水

酵母によるアルコール発酵が行われる上で水が含むミネラル成分は非常に重要。四方の山々から流れ出た清水が地下水となり伏流水として豊富に溢れる伊賀の水は、良質のミネラル成分が含まれており地酒に適しています。

酵母

酵母には香りの華やかさを引き出すものから、味の強さを決めるものなど様々。大田酒造の酵母は、三重県が開発した香り高い吟醸用酵母 MK-3や、味わい重視の純米酒に適したMK-1などが使われています。

杜氏

伝統を重んじる南部杜氏、藤井久光の50年の経験が培った技と、蔵元、蔵人とのチームワークが「半蔵」を生み出します。

株式会社　大田酒造

〒518-0121 三重県伊賀市上之庄1365-1
TEL 0595-21-4709
FAX 0595-21-9686
E-mail ota@hanzo-sake.com

大田酒造 半蔵

　平成28年5月26日・27日、第42回先進国首脳会議（伊勢志摩サミット）が、三重県志摩市を主会場に開催された。議長を務める安倍晋三首相と各国首脳らは焦点となる世界経済をテーマに志摩観光ホテルで議論を交わした。

INDEX
- ルポ・サミット2日間 …………………p4
- 配偶者プログラム ……………………p23
- 国際メディアセンター ………………p35
- 過去最大の警備体制 …………………p44
- 2016ジュニア・サミットin 三重 ……p51
- 伊勢志摩サミット開催までの歩み ……p55
- 私のサミット …………………………p61

G7首脳と各国概要

 日本
安倍 晋三 首相

人口：1億2,711万人（2015年国勢調査）
面積：37.8万平方キロメートル
首都：東京
主要言語：日本語
過去開催サミット
北海道洞爺湖サミット（2008年）
九州・沖縄サミット（2000年）
東京・サミット（1993年）
東京・サミット（1986年）
東京・サミット（1979年）

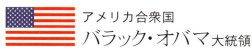 アメリカ合衆国
バラック・オバマ 大統領

人口：3億875万人（2010年米国国勢局）
面積：962.8万平方キロメートル
首都：ワシントンD.C
主要言語：英語
過去開催サミット
キャンプ・デービット・サミット（2012年）
シーアイランド・サミット（2004年）
デンヴァー・サミット（1997年）
ヒューストン・サミット（1990年）
ウイリアムズバーグ・サミット（1983年）
プエルト・リコ・サミット（1976年）

 フランス共和国
フランソワ・オランド 大統領

人口：6,633万人（2016年）
面積：54.4万平方キロメートル
首都：パリ
主要言語：フランス語
過去開催サミット
ドーヴィル・サミット（2011年）
エビアン・サミット（2003年）
リヨン・サミット（1996年）
アルシュ・サミット（1989年）
ヴェルサイユ・サミット（1982年）
ランブイエ・サミット（1975年）

 ドイツ連邦共和国
アンゲラ・メルケル 首相

人口：8,094万人（2014年）
面積：35.7万平方キロメートル
首都：ベルリン
主要言語：ドイツ語
過去開催サミット
エルマウ・サミット（2015年）
ハイリゲンダム・サミット（2007年）
ケルン・サミット（1999年）
ミュンヘン・サミット（1992年）
ボン・サミット（1985年）
ボン・サミット（1978年）

 英国
デービッド・キャメロン 首相

人口：6,411万人（2013年）
面積：24.3万平方キロメートル
首都：ロンドン
主要言語：英語

過去開催サミット
ロック・アーン・サミット（2013年）
グレンイーグルス・サミット（2005年）
バーミンガム・サミット（1998年）
ロンドン・サミット（1991年）
ロンドン・サミット（1984年）
ロンドン・サミット（1977年）

 イタリア共和国
マッテオ・レンツィ 首相

人口：6,080万人（2014年）
面積：30.1万平方キロメートル
首都：ローマ
主要言語：イタリア語

過去開催サミット
ラクイラ・サミット（2009年）
ジェノバ・サミット（2001年）
ナポリ・サミット（1994年）
ヴェネチア・サミット（1987年）
ヴェネチア・サミット（1980年）

 カナダ
ジャスティン・トルドー首相

人口：約3,599万人（2015年）
面積：998.5万平方キロメートル
首都：オタワ
主要言語：英語・フランス語
過去開催サミット
ムスコカ・サミット（2010年）
カナナスキス・サミット（2002年）
ハリファックス・サミット（1995年）
トロント・サミット（1988年）
オタワ・サミット（1981年）

欧州連合
ジャン＝クロード・ユンカー
　　　欧州委員会委員長（左）
ドナルド・トゥスク
　　　欧州理事会議長（右）

人口：5億820万人（2015年）
面積：429万平方キロメートル
欧州委員会所在地：ブリュッセル
過去開催サミット
ブリュッセル・サミット（2014年）

神宮訪問

　安倍総理大臣は、G7各国首脳を迎える歓迎行事として、伊勢神宮を訪問。神宮附属幼稚園の園児46名による歓迎を受け、到着したG7各国首脳を宇治橋前で出迎えた。
　鈴木英敬三重県知事及び同県内の小学生20名とともに記念植樹を行った後、正宮を訪れた。
　G7首脳らの神宮表敬に際しての記帳には「非常に光栄」「日本の源」「精神の崇高なる場所」など敬意を表す言葉が並んだ。

自然との結びつきに敬意

アンゲラ・メルケル独首相
　ここ伊勢神宮に象徴される日本国民の豊かな自然との密接な結びつきに深い敬意を表します。ドイツと日本が手を取り合い、地球上の自然の生活基盤の保全に貢献していくことを願います。

精神の崇高なる場所

フランソワ・オランド仏大統領
　日本の源であり、調和、尊重、そして平和という価値観をもたらす、精神の崇高なる場所にて。

平和に共生できる世界を

バラック・オバマ米大統領
　幾世にもわたり、癒しと安寧をもたらしてきた神聖なこの地を訪れることができ、非常に光栄に思います。世界中の人々が平和に、理解しあって共生できるようお祈りいたします。

繁栄と平和の未来を願う

ジャスティン・トルドー加首相
　伊勢神宮の調和に、繁栄と平和の未来を創るという我々の願いが映し出されますように。

すばらしい歓待に感謝

マッテオ・レンツィ伊首相
　このような歴史に満ち示唆に富む場所ですばらしい歓待をいただきましてありがとうございます。主催国である日本と我々全員が人間の尊厳を保ちながら、経済成長及び社会正義のための諸条件をより力強く構築できることを祈念します。

敬意を払うこと嬉しく

デービット・キャメロン英首相
　日本でのG7のために伊勢志摩に集うに際し、平和と静謐、美しい自然のこの地を訪れ、英国首相として伊勢神宮で敬意を払うことを大変嬉しく思います。

平和と繁栄を祈る

安倍晋三首相

伝統と儀礼に敬意を評す

ジャン＝クロード・ユンカー欧州委員会委員長
　この地で目の当たりにした伝統と儀礼に敬意を表す。

静謐と思索の場

ドナルド・トゥスク
欧州理事会議長
　静謐と思索の場。そして日本についての深い洞察。どうもありがとう！

国際的な経済、政治課題についてを討議

主要議題
● 世界経済・貿易　● 政治・外交問題　● 気候変動・エネルギー　● 開発　● 質の高いインフラ投資
● 保健　● 女性

スケジュール

5月26日（木）
　セッション1（G7の価値・結束、世界経済）：ワーキング・ランチ
【午後】
　サイドイベント（自動走行車・燃料電池自動車のプレゼンテーション）
　G7首脳集合写真の撮影
　セッション2（貿易）
　セッション3（政治・外交）
　日EU経済連携協定（EPA）に関する共同ステートメントの発出
　総理夫妻主催カクテル
　サイドイベント（テロと文化財）
　セッション4（政治・外交）：ワーキング・ディナー

5月27日（金）
【午前】
　セッション5（気候変動、エネルギー）
　総理によるアウトリーチ招待国首脳出迎え
　セッション6（アジアの安定と繁栄）（アウトリーチ（1））
　総理とインドネシア大統領との懇談
　G7及びアウトリーチ招待国首脳集合写真の撮影
　セッション7
　（開発、アフリカ）（アウトリーチ（2））：ワーキング・ランチ
　議長記者会見

伊勢志摩サミット主会場・志摩観光ホテル

ワーキング・ランチ

安倍総理大臣は、G7各国首脳に対するおもてなしの一環として、三重県各所の豊富な食材を用いた多彩な料理及び三重県産の日本酒や日本ワインなどを提供し紹介した。

会　　　場　　志摩観光ホテル・ザ・クラブ「リアン」
料　　　理　　志摩観光ホテル和食総料理長兼シェラトン都ホテル大阪和食料理長　　茅ヶ迫 正治
パティシエ　　志摩観光ホテル料飲部製菓長兼大阪マリオット都ホテルパティシェ　　赤崎 哲朗

メニュー

前　　彩　　バジル酢味噌和え
　　　　　　鶏胸肉 玉葱 トマト
　　　　　　車海老塩レモン煮 さつま芋胡麻塩焼き 鰯カレー煮
　　　　　　豌豆と雲丹かき揚げ 鰻八幡巻き 空豆チーズ挟み

御　　椀　　蛤潮仕立て
　　　　　　蛤糁薯 若布 ラディッシュ 独活 木の芽

造　　り　　鯛キャビア添え
　　　　　　鮪腹身 縞鯵 鱧湯引き梅肉添え 太刀魚
　　　　　　大葉紫蘇 紫芽 胡瓜 花付胡瓜 蝶野菜 縒り野菜 山葵 土佐醤油

焚 合 せ　　油目揚げ煮 小芋 南京 小茄子 椎茸 人参 モロッコ隠元 生姜

焼　　物　　伊賀牛フィレ肉味噌漬け 伊賀牛フィレ肉塩焼き
　　　　　　野菜焼き浸し エリンギ茸 ズッキーニ クレソン
　　　　　　万願寺唐辛子 山葵 伊勢醤油

食　　事　　にぎり寿司 松阪牛フィレ肉炙り 真珠塩 厚焼き玉子 剣先烏賊 真子鰈 鮪赤身
　　　　　　生姜甘酢漬け 土佐醤油

食　　後　　青もみじ（和菓子）落雁 マンゴー 桜桃 茶師十段小林さん精選「玉碾」

　　　　・乾杯酒 作 智 純米大吟醸 滴取り／清水清三郎商店（三重県 鈴鹿市）
　　　　・白ワイン シャトー メルシャン 北信シャルドネ 2014 ／ メルシャン（長野県）
　　　　・食中酒 酒屋八兵衛 山廃純米酒 伊勢錦 ／ 元坂酒造（三重県多気郡大台町）
　　　　・赤ワイン ルバイヤート プティヴェルド 2012 ／ 丸藤葡萄工業（山梨県）

イメージフォト提供・志摩観光ホテル

サイドイベント
自動走行車・燃料電池自動車プレゼンテーション

サミット会場の志摩観光ホテル敷地内で、自動走行車・燃料電池自動車のプレゼンテーションが行われた。安倍総理大臣は、参加した首脳たちに、自動走行車の実用化により、交通事故の削減や高齢者等にとって安心・安全な移動手段を確保することや、2020年の東京五輪開催に向け、世界で最も安全な道路交通社会の実現を目指すと説明した。また、地球温暖化対策の取組の一つとして、水素エネルギーを用いた燃料電池自動車の普及により、世界をリードして、環境・エネルギー問題の解決に取り組むと伝えた。
自動車の試乗には、トヨタ、日産、ホンダの自動車が使用された。

営業時間 9:00～19:00
お客さま相談テレホン
フリーコール 0120-130-500
www.mie-toyota.co.jp

ハイブリッドは
三重トヨタ

首脳らが議論する円卓は、尾鷲市、
紀北町で生産されている
「尾鷲ヒノキ」(国際認証のヒノキ材)で作られた。

安倍総理夫妻主催カクテル

日EU経済連携協定(EPA)に関する
協同ステートメントの発出

サイドイベント

「テロと文化財ーテロリストによる文化財破壊・不正取引へのカウンターメッセージ」

タリバーンによって破壊されたバーミヤン東大仏天井壁画及び焼失した法隆寺金堂壁画第6号壁を「クローン文化財」として復元したものを展示した会場で行なわれた。

壁画に関する説明と、日本の高度な遺跡修復技術をアピールする東京藝術大学宮廻正明教授

ワーキング・ディナー

安倍総理大臣からG7各国首脳に対するおもてなしの一環として、三重県各所の豊富な食材を用いた多彩な料理及び三重県産の日本酒と日本ワインを提供し紹介した。

会　　　場　志摩観光ホテル・ザ・クラシック「ラ・メール・ザ・クラシック」
料　　　理　志摩観光ホテル総料理長　樋口 宏江
パティシエ　志摩観光ホテル料飲部製菓長兼大阪マリオット都ホテルパティシェ　赤崎 哲朗

メニュー
海の幸 トマトの魅力をさまざまな形で
伊勢海老クリームスープ カプチーノ仕立て
鮑のポワレ あおさ香る鮑のソース
伊勢海老ソテー ポルト酒ソース 米澤モチ麦のリゾットとともに
伊勢茶の香りをまとわせた松阪牛フィレ肉
宮川育ちのワサビを添えて
ミルクチョコレートと柑橘のマリアージュ
コーヒー、紅茶 またはエスプレッソ

・乾杯酒 半蔵 純米大吟醸 / 大田酒造（三重県 伊賀市）
・白ワイン ヴィラデスト ヴィニュロンズ リザーヴ シャルドネ 2014 / ヴィラデストワイナリー（長野県）
・食中酒 瀧自慢 芒口純米 滝水流（はやせ）純米酒 / 瀧自慢酒造（三重県 名張市）
・赤ワイン シャトー・メルシャン 椀子（マリコ）ヴィンヤード オムニス 2012 / メルシャン（長野県）
・デザートワイン 登美ノーブルドール1990 / サントリー山梨ワイナリー（山梨県）

イメージフォト提供・志摩観光ホテル

アウトリーチ会合開催

ベトナム首相ら神宮参拝

アウトリーチ拡大会合に出席したベトナムのグエン・スアン・フック首相と経済協力開発機構（OECD）のアンヘル・グリア事務総長が伊勢市の伊勢神宮内宮を参拝した。ベトナム首相の伊勢神宮参拝は初めて。両氏が伊勢神宮参拝を強く希望した。

フック首相は鈴木英敬知事や三ツ矢憲生衆院議員、県ベトナム友好協会の小野欽市会長らの出迎えを受け、宇治橋を渡り、正殿を参拝した。「日本の伝統を肌で感じることができる素晴らしい場所」と感想を話した。

宇治橋を渡り、報道陣に手を振るフック首相

五十鈴川で手を洗うグリア事務総長

グリア事務総長と石垣英一副知事

G7首脳に加え、7か国の首脳と5つの国際機関の長も参加し、「アジアの安定と繁栄」について議論された

清水清三郎商店 株式会社
Shimizu Seizaburo Shoten Ltd.
〒510-0225三重県鈴鹿市若松東3-9-33
Tel.059-385-0011　Fax.059-385-0511
3-9-33,Wakamatsu-Higashi Suzuka-city,
Mie, 510-0225, JAPAN

seizaburo.jp

G7 2016 ISE-SHIMA SUMMIT

智　さとり
ZAKU
JUNMAI DAI GINJO

誇れるものがある

伊勢志摩サミット
ワーキングランチ乾杯酒
純米大吟醸　作　智

議長国会見

　安倍晋三首相は、志摩市の旅館「賢島宝生苑」で、議長国の首脳として記者会見した。発言の随所に「伊勢神宮」や「伊勢志摩」を盛り込み、開催に協力した県民に「心から感謝を申し上げる」と述べた。

　安倍首相は国内外の報道関係者ら約200人を前にして、賢島から臨む海と島々を背景に会見した。冒頭、首脳らへのもてなしに触れ、「美しい入り江、豊かな自然、おいしい海の幸、山の幸。日本の古里の魅力を味わっていただけたのではないか」と話した。

　また、「伊勢神宮の荘厳で凛とした空気に触れると、いつも背筋が伸びる思いがする。神宮は五穀豊穣を祈り、平和を祈り、人々の幸せを祈りながら2000年もの歴史を紡いできた」「その神宮から今年のG7サミットはスタートした」と述べた。

　「世界が直面する課題に協調して取り組む明確な意思を、G7の友人たちと共に伊勢志摩から世界へと発信できた」と強調。締めくくりには「サミット開催に大変なご協力をいただいた伊勢志摩の皆さん、三重県の皆さんに心から感謝を申し上げる」と語った。

5月23日24日の両日、取材で伊勢志摩を訪れた国内外のメディア関係者を対象に施設が無料開放され、木遣りや伊勢音頭などが披露された。

伊勢志摩最大級のスーパー銭湯

伊勢・船江温泉 みたすの湯

〒516-0008 三重県伊勢市船江1丁目471番3　TEL 0596-29-4126

配偶者プログラム

安倍昭恵総理大臣夫人が主催した「配偶者プログラム」に、ヨアヒム・ザウアー・ドイツ首相夫君、ソフィー・グレゴワール＝トルドー・カナダ首相夫人、マウゴジャータ・トゥスク欧州理事会議長夫人が参加した。

左から ヨアヒム・ザウアー・ドイツ首相夫君、安倍昭恵総理大臣夫人、
ソフィー・グレゴワール＝トルドー・カナダ首相夫人、マウゴジャータ・トゥスク欧州理事会議長夫人

高校生による料理のおもてなし

昼食会では、「高校生レストラン まごの店」で実習する三重県立相可高等学校食物調理科の生徒らが腕を振るった料理を堪能。県産の伊勢エビや松阪牛などを使った料理が振舞われた。

会　　　場　内宮前杉風荘
料　　　理　三重県立相可高等学校食物調理科
メニュー監修　懐石かみむら料理長　上村雅春

メニュー

八　　寸	志摩産鮑酒蒸し 伊勢湾産穴子ごぼう鋳込み 三色団子 学校ミニトマト 厚焼き卵 牛乳団子 志摩捕れ烏賊酒盗焼き 花茗荷甘酢漬け あのりふぐ一夜干し 初かつお煮凍り 熊野地鶏松風焼き 三重県産米「結びの神」の海老手まり寿司 三重県産五月鱒 燻製の笹寿司
煮 物 椀	伊勢海老真丈 胡麻豆腐・つるな・結び人参・柚子
だし巻き卵	三重県立農業高校 飼い卵のだし巻き卵 あおさ
すき焼き	特選松阪肉・すべて三重県産の椎茸・本しめじ 小松菜・玉葱・牛蒡・人参 白葱・焼豆腐・温泉卵
御　　飯	安倍昭恵様丹精こめて作った特別栽培米「昭恵米」 三重県立農業高校自家製味噌の味噌汁・青さ 松阪赤菜の漬物
お菓子	花菖蒲じょうよ饅頭 干菓子 伊勢茶 珈琲 紅茶

"清酒" やまとのこころ 微発泡酒（福島県）
"清酒" やまとのこころ 純米大吟醸酒（福島県）
シャトー酒折 甲州ドライ 2015（山梨県）

提供・三重県立相可高等学校

伊勢名物　赤福

本店　〒516-0025 伊勢市宇治中之切町26番地
電話　0596-22-2154(代)　フリーダイヤル 0120-081381
http://www.akafuku.co.jp/

ミキモト真珠島訪問

地元の海女と交流

　1893年に御木本幸吉が世界で初めて真珠の養殖に成功した場所に、志摩市・鳥羽市の現役海女約80人が集まり、昔ながらの白い磯着姿で迎えた。

　海女は、「自然と接する命懸けの仕事。魚介類などの資源を取り尽くさないようみんなで協力し合っている」と紹介した。

　ザウアー氏が、「海女を何年やっていますか？」「旦那さんの職業は？」と笑顔で質問。ソフィー婦人は、「怖いと思ったことはないですか？」と聞き、「大波が来ると怖い」と答えた海女に、日本語で「勇気がある」と声を掛け、「海女さんの勇気を私たちも心に留めて自分たちの国に帰りたい」と語った。

27

文化伝統に触れる伊勢踊り

伊勢音頭保存会のメンバーが「伊勢神宮にちなんだ踊り」と紹介して振り付けを手ほどきした。
夫人らは、市内の小中学生や海女らと輪を作って踊りを楽しみ親交を深めた。

各国の配偶者と子どもたち

子どもたちは、
「楽しかった」「いっぱいハグしてもらった」と興奮。

すきやき、あみやき、汐ちり

創業明治三十五年
牛銀本店
（ぎゅうぎんほんてん）

松阪市魚町1618　☎0598-21-0404
http://www.gyugin-honten.co.jp/

記念植樹

志摩観光ホテル・ザ・クラブの庭園にて、安倍総理大臣夫人、ヨアヒム・ザウアー・ドイツ首相夫君、マウゴジャータ・トゥスク欧州理事会議長夫人、鈴木三重県知事、大口志摩市長と志摩市立神明小学校児童9名が参加し、植樹が行われた。

国際メディアセンター視察

安倍総理大臣夫人、ソフィー・グレゴワール=トルドー・カナダ首相夫人及びマウゴジャータ・トゥスク欧州理事会議長夫人は、国際メディアセンターを訪問した。
パラスポーツ体験イベント（伊勢市立四郷小学校生徒）を視察した後、竹あかり制作ワークショップに参加した。また、政府広報展示スペース、三重情報館を視察し、伝統工芸士による伊賀くみひもの実演や、県手もみ茶技術伝承保存会による伊勢茶手もみ実演と試飲し、日本や三重の技術、伝統工芸への理解を深めた。

岡三証券
津支店

〒514-0032 三重県津市中央 5-20
☎ 059-226-1511
www.okasan.co.jp

金融商品取引業者　関東財務局長(金商)第53号
加入協会：日本証券業協会
　　　　　一般社団法人　日本投資顧問業協会
　　　　　一般社団法人　第二種金融商品取引業協会

国際メディアセンター

完成式典

　5月22日、主要国首脳会議（伊勢志摩サミット）で、報道関係者の拠点となる「国際メディアセンター（IMC）」（伊勢市朝熊町）の完成を記念する式典が行われた。菅義偉官房長官や鈴木英敬知事ら関係者がテープカットで祝った。

　菅官房長官は「美しい自然や豊かな伝統を世界の首脳に肌で感じてもらい、日本が誇る最先端の技術を世界に伝えたい」とあいさつした。鈴木知事は「『伝統と革新』をテーマに県の素晴らしさを発信していく」と述べた。

　名張市出身の歌手、平井堅さんも出席し、伊勢志摩サミット応援ソング「ＴＩＭＥ」を披露した。

世界各国のメディアが集結

国際メディアセンターに併設
三重情報館

伊勢志摩サミット県民会議が国際メディアセンターに設けた「三重情報館」では、県産食材の紹介や伊勢神宮をイメージした舞台など、三重ならではの魅力を集めた情報発信スペースの場となり、首脳らの配偶者が訪問した。また、国内・海外メディアたちによって、ここから日本や三重県の魅力が発信された。

文化・食を紹介

「伝統と革新〜"和"の精神」を理念に、中央に設けた尾鷲ヒノキのステージでは海女の講話や忍者ショーなどが披露された。大型モニターでは、伊勢神宮の精神性や海女の文化などを紹介。多くの三重県民が関わり、伊勢茶や三重県産の日本酒、松阪牛や伊勢エビの天ぷら、寿司など、三重県の食の魅力を伝えた。

ぶらり味の名店34選

三重すし街道
伊賀路／伊勢路／東紀州

うまし国「三重」。

わたしたちのふるさと自慢のすし種を個性あふれる名店が集まり、地産地消を合言葉に「三重すし街道」としてお楽しみいただきます。

いまや世界に広がる日本の誇り「おすし」。

北から南まで、県内のすぐれた旬の恵みに恥じないお寿司を研鑽してまいります。

皆さまのご来店を心よりお待ち申し上げます。

三重すし街道　代表　松田　春喜

伊勢志摩サミット開催期間中、国際メディアセンター内アネックスの食事スペースで、三重すし街道34店舗から10店舗14名の職人が腕を振るい、国内外から訪れたメディア関係者をうまし国三重が誇る極上のお寿司でもてなしました。

店名	職人	住所	電話
東京　大寿司	松田　春喜	津市雲出本郷町1641-1	059-234-5129
鮨暁	寺田　信也	志摩市阿児町甲賀1460-2	0599-45-5586
割烹　大喜	坂田　喜則	伊勢市岩渕2-1-48	0596-28-0281
伊な勢	山本　将弘	伊勢市神久5-1-35	0596-26-0008
寿し萬	近藤　修一郎	松阪市平生町14 ゆめの樹通り	0598-21-1891
すし処　君家	山口　和司	松阪市高町453-4	0598-51-7200
参代　きく水	竹島　正人	松阪市曽原町639-8	0598-30-5005
寿司割烹　醍醐	福島　章男	名張市百合が丘西6-72	0595-64-6767
鮨　いの上	井上　佳郎	亀山市川合町1197-50	0595-83-5400
平和寿司	杉本　大輔	桑名市矢田800	0594-22-0989
東京　大寿司	永田　良男　大隈　康充　手塚　雄三　松田　剛		

海外メディアが見た「伊勢志摩サミット」

世界最前線で活躍する記者らの目に、三重県はどう映ったのか尋ねてみました。

NGO「セイブ・ザ・チルドレン」の米国人
サイモン・ライトさん

みんなフレンドリー

ホテルでもメディアセンターでもみんなとってもフレンドリーだ。松阪牛はおいしいけど、牛タンだけは好みじゃなかったよ

独テレビ局「ドイチェ・ヴェレ」のリポーター
クレストフ・コベールさん

料理エキゾチック

夫婦岩の近くに泊まったんだけど、料理がエキゾチックでおいしかった。また来たいな

NGO「ワールドビジョン」ディレクターのカナダ人
クリス・ダークセン・ハイエバートさん（右）

伊勢神宮に行く予定

伊勢神宮には土曜日に行く予定。すしが食べたかったかったのにメディアセンターの食堂は品切れだったよ

英テレビ局「BBC」の技術カメラマン
ロバート・シミングトンさん

庭の木、母国と違う

田舎だと予想していたけどこんなにたくさん木があるとは思わなかった。イギリスと庭の木が違うので興味深い

エジプト有力日刊紙「アルアハラム」記者
ザ　カリア・オスマン・モハメド・アブデルレーヒムさん

伊勢志摩の風景最高

1、伊勢志摩の風景は最高。
2、みどりの景色がいっぱい。
3、どこにいても親切な日本人がいる

カナダテレビ局「グローバルニュース」リポーター
バシー・カペロスさん

海も山もあり美しい

来たばかりだけど、海も山もあって美しいと感じたわ。カナダとはまた別の素晴らしい風景

シンガポールのテレビ局「チャンネルニュースアジア」リポーター
ウェイ・ドゥさん

松阪牛は食べたい

ホテルとメディアセンターを行き来するだけ。松阪牛は滞在中に食べたいと思っているの

バングラディッシュの有力紙「プロトムアロ」リポーター
アノワール・ホセインさん

魚がおいしかった

日本とバングラディッシュには似ているところがあります。伊勢志摩の料理はときどき見慣れないものもあったけど、魚はおいしかった

過去最大の警備体制

伊勢志摩サミットでは、近鉄の一部運休や定期船の航路運航、高速道路規制など、様々な規制があり、住民に対する事前説明会や、各種想定訓練、警備部隊も全国から召集されるなど過去最大級の警備体制となった。

警備を終えて

2016 ジュニア・サミットin三重

平成28年4月22日〜28日、G7伊勢志摩サミットの関連イベントとして、青少年の間の国際交流を促進し、国際社会の抱える課題について意識を高めることを目的とした中高生のサミット「2016年ジュニア・サミットin三重」が開催された。桑名市の「ナガシマリゾート」を主会場として、開催された。

視察・討議
四日市公害と環境未来館
NTN株式会社
赤須賀漁業協同組合

「次世代につなぐ地球〜環境と持続可能な社会」をテーマに、環境保全と経済成長について学ぶ視察。

県内分散型・交流行事

4コースに分かれ県内施設を訪問し、三重の自然や伝統文化を体験・体感し、交流した。

菰野町・御在所ロープウェイ/ロープウェイで空中散歩

鈴鹿市・鈴鹿サーキット/伊勢型紙でしおり作り

亀山市・関宿/歴史に触れる

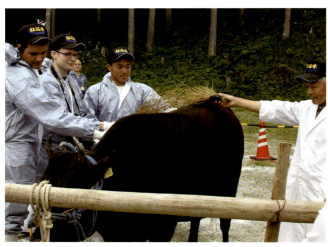

松阪市・市内牛舎/松阪牛をブラッシングする

松阪市・深野だんだん田/視察

多気町・「まごの店」/昼食と調理体験

伊賀市・伊賀流忍者博物館/　名張市・赤目四十八滝/視察
忍者ゆかりの地へ

伊勢市・伊勢神宮/日本人の文化・精神を学ぶ

ふれあい・たいせつに
ぎゅーとら

本社／伊勢市西豊浜町655番地18
電話 0596-37-5500（代表） HP http://www.gyutora.com

伊勢志摩サミット開催までの歩み

平成27年6月5日　伊勢志摩サミット開催地が志摩市に決定した。「県に新たな歴史が刻まれる」と鈴木知事

平成27年7月15日　伊勢志摩サミット推進局新事務所開所式

平成27年7月14日　サミットポスター決まる

平成27年7月13日　サミットに向け海女を前面に
鳥羽おもてなし会議が設立
「鳥羽の海女の魅力を宣伝したい」と木田久主一鳥羽市長

平成27年7月31日　伊勢おもてなし会議
「サミットの開催に向け、官民一体で伊勢の魅力を発信しよう」と鈴木健一伊勢市長

平成27年9月6日
第1回「伊勢志摩サミットフォーラム」開催

平成27年10月14日
シンボルマーク決まる

平成27年10月22日
河野国家公安委員長視察

平成27年11月10日
ミスインターナショナル、三重県へ

平成28年1月5日
伊勢神宮を参拝した安倍総理大臣に花束を贈る児童

平成28年2月16日
伊勢志摩サミット「おもてなし大作戦」

平成28年4月3日
花いっぱい大作戦

平成28年4月6日
花いっぱい大作戦

平成28年3月28日
安倍総理大臣夫人が志摩市を訪問

平成28年3月27日
あんどん、装い新たに　サミット歓迎用ＪＲ伊勢市駅前広場で

平成28年4月5日
伊勢市駅前でサミット歓迎　伊勢音頭

平成28年4月5日
桑名おもてなし大作戦　子どもたちが花で歓迎

平成28年4月17日
第3回「伊勢志摩サミットフォーラム」　平井堅さんが、サミット応援ソング「TIME」を披露

平成28年5月25日
サミット記念Tシャツで盛り上げよう　伊勢商工会議所

平成28年5月16日
各国の言語に対応したサミット特集号を発行した伊勢新聞

平成28年5月25日　いよいよ開催　サミット前日　首脳らの来日、賢島へ

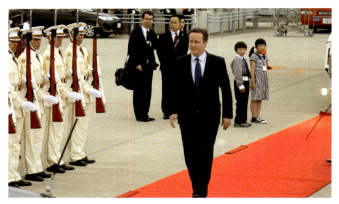

G7の国旗で出迎える市民ら

中部国際空港に到着した
キャメロン英国首相

オバマ米大統領が乗った
政府専用機「エアフォース・ワン」

私のサミット

伊勢志摩サミットをきっかけに、三重県の人や日本のPRなどに取り組んだ人たちを紹介します

＊この記事は平成28年4月6日から5月26日の間、伊勢新聞に掲載したものです。所属や年齢等は取材当時のものです。

■「からあげ丼」の歌を世界へ

井村善次さん(50)　小黒真平さん(29)伊勢市

〈小黒さん〉近鉄宇治山田駅前で演奏する人たちが、自然と合奏するようになり、できたのが音楽グループ「Ustreet」(宇治山田ストリート)です。(同駅前の)「まんぷく食堂」は、その拠点みたいなもので、おもろい人間が集まるんですよ。

〈井村さん〉路上ライブ活動を応援してくれる「まんぷく食堂」に恩返しがしたい。そんな思いからできたのが「からあげ丼」の歌です。歌は、ユーチューブにも配信していて、「からあげ丼」で検索してもらえれば、すぐ聞けますよ。

〈小黒さん〉(サミットがある)今は、外国人にも聞いてもらえるよう、英語版を作ってます。からあげ丼の魅力と共に、店とそこに集まる人たちの良さも伝えたいですね。

からあげ丼の歌を演奏する井村さん(左)と小黒さん

■海女Tシャツをデザイン

土屋啓史さん(36)松阪市

昔から趣味で絵を描いていました。最近はiPadを使って、指文字で描く作品が多いですよ。こないだは、友人が撮ったビル群の写真にラクダの絵を描くことで「アスファルト砂漠」を歩くラクダを表現しました。「ラクダも描き方次第でかっこいいんだぞ」って見せたくて。

今は、伊勢の新道商店街の服屋さんから頼まれ、海女をモチーフにしたサミット記念Tシャツの原案を考えてます。イメージは「七人の侍ならぬ、七人の海女、でしょうか」せっかくのチャンスなので、かっこいい海女さんを描きます。これ、新聞に載る以上、やりきらんと駄目になりましたね。頑張ります！

サミット記念Tシャツで、海女をモチーフにしたデザインを考案中の土屋さん

■外宮周辺をパトロール

宮後町会長　楢井正文さん(66)伊勢市

昨年末の住民懇話会で、県警の方が住民に巡回活動への協力を求めていたのがきっかけです。厚生学区内の本町、宮後、一之木、一志、八日市場、大世古、曽祢の各自治会で外宮周辺のパトロールを思い付きました。

4月1日から始め、各町会の持ち回りで、午前10時と午後3時の2回実施しています。1回1時間程度。先日は、施設の外に段ボールが置きっぱなしになっていたので、危険だと指摘させてもらいました。どれほどのことができるか分かりませんが、住民にできる範囲で警察にも協力していきます。

サミットに向け、外宮周辺の巡回を発案した宮後町会長の楢井さん

■夕食会にアカモクを使って

浅尾大輔さん(36)鳥羽市

最初、海藻のアカモクを刈り取って食べてみたとき、地元の年寄りはびっくりしてた。それこそ、目が点になってたよ。「金に困ってるんか」って言われたこともあった。そこら中に生えてるからね。けど、今では朝市や一部のスーパーなんかでも置いてもらえてる。

地元の人間が知らへん地域の魅力や未利用資源はたくさんある。今は「サミットの夕食会で使ってもらえたら」と思ってるんやわ。野菜のようなシャキシャキ感があり、体に良いものがたくさん含まれてるから、各国首脳に食べてもらいたいね。

アカモクをサミットの夕食会で使ってとPRする浅尾さん

■尺八の音の美しさ伝えたい

竹内洋司さん(28)伊勢市

　和楽器って古くさいイメージを持たれがちじゃないですか。僕もそう思ってました。でも、実際に尺八の音色を聞いてみると、美しさ、斬新さに頭をガーンと打たれたような感じ。歌うように感情を込められるところがいい。サミットを機に日本文化が注目される中、多くの人に尺八を身近に感じてもらいたいです。

　高校卒業後、社会に出て、うまくいかない時期がありました。そんな時、音楽や尺八と出会い、今の僕がある。僕の吹く尺八の音色で、挫折した人に希望を与えたいと思いながらいつも演奏してます。

心を込めて尺八を演奏する竹内さん

■志摩の魅力を歌う

橋野俊輔さん(48)志摩市

　会社勤めをしながら趣味でサーフィンをしていて、約20年前に大阪から志摩へ移り住みました。音楽も、趣味で6年ほど前から始め、みんなからは「はっしゃん」と呼ばれてます。県内のほか、大阪や京都、奈良でもライブをしてます。年間100回ぐらいですかね。バーやライブハウス、あとレストランなんかで。

　(大勢のサーファーが訪れる)阿児町国府の浜を歌った曲とか、オリジナルの海の曲もあります。土地の魅力を歌詞に込めてるので、サミットをきっかけに志摩を訪れる人たちに聞いてもらえたらうれしいです。

「志摩の魅力を歌で伝えたい」と話す橋野さん＝鳥羽市鳥羽で

■主要7カ国のビールを販売

沖林昇吾さん(26)伊勢市

　サミットを契機に何かできないかと考え、お客さんに主要7カ国のビールを知ってもらおうと考えました。米国のバドワイザーなど、いずれも日本でいうアサヒやキリンのようなメジャーなビールです。

　中には、缶ビールしか手に入らなかったものもありますが、すっとした感じの飲みやすいものをそろえました。ビールを通じ、お客さんにサミットを身近に感じてもらえたらうれしいです。

主要7カ国のビールをそろえた沖林さん(右)

■サミット関連行事で看板に揮毫(きごう)

書道家・伊藤潤一さん(29)松阪市

　志摩市のまちづくり団体が進めているサミット関連行事に携わっています。各国の人を出迎えるため、志摩市内に竹あかりを飾る「竹あかりYOKOSOプロジェクト」。今は、竹灯籠を造っている段階で、作業場の入り口にある看板にプロジェクト名を揮毫させてもらってます。

　作業にはいろんな年代の人が参加しているので、世代間交流を通じ、サミットが思い出づくりの場になればいいと思います。

サミット関連行事で看板に揮毫をした書家・伊藤さん

■地元の魅力見直すきっかけに

WEBマガジン「OTONAMIE」村山祐介代表(36)
佐藤成章編集委員長(35)津市

　〈村山さん〉地元のおもしろい情報は、そこで暮らす人たちが1番知っている―。WEBマガジン「OTONAMIE」は、そんな思いから昨年10月に始まりました。企画に賛同する約70人の市民記者たちが「記事」を投稿しており、1日最低1本は新しい記事を載せ、サイトを更新しています。

　〈佐藤さん〉地元目線のディープな情報配信を目指しています。サミット特集で関係者へのインタビューなども載せてますよ。三重の魅力が伝わり、日本で行ってみたい「3番目」の観光地になってほしい。なぜ、3番目か。それは、もちろん三重だから！

三重に暮らす・旅するWEBマガジン「OTONAMIE」の村山代表(左)と佐藤編集委員長

私のサミット

外国人への対応を充実

せんぐう館学芸員・深田一郎さん(44)伊勢市

伊勢志摩サミットを機に、せんぐう館では外国人来館者向けの多言語音声端末(音えんぴつ)の内容を充実させました。端末はペンの形をしていて、専用の館内展示マップをタッチしてもらうと解説が流れます。英語や中国語、韓国語、台湾語に仏、独、伊、スペイン語を追加しました。

合わせて解説量を従来の2倍に増やし、伊勢神宮の建築や神宮の森の紹介などを追加しています。端末の貸し出しは無料です。気軽にお立ち寄りいただき、神宮の歴史と文化に触れていただければと思います。

多言語音声端末の使い方を説明する深田さん

海女の魅力、世界へPR

三橋まゆみさん(67)志摩市

海女を35年以上続けてきました。海に潜って獲物を捕るだけでなく、伊勢志摩サミットに向けて、志摩に来てくれる観光客や国内外のメディアを海女小屋体験施設で、料理を提供しておもてなししたり、街を一緒に歩いて案内したりしています。観光に来てくれた人が、志摩の魅力を感じてくれるとうれしい気持ちになります。

サミットの開催で、海女への関心や世界での認知度が高まっているのを感じています。海女をしている人の仕事への誇りにつながればと思います。これからも海女文化と地域の活性化のお手伝いをしていきたいです。

観光客のおもてなしに一役買う海女の三橋さん

終わってもまた伊勢に来て

まんぷく食堂店長・鋤柄大平さん(38)伊勢市

サミットを機に、普段は知り合えないようなお客さんの来店が相次いでいて楽しい。他県の警察官やイタリア人のフード・ライターの子と仲良くなったわ。

ライターの子はすごい美人で連れの日本人の子もかわいかった。日本人が伊勢出身の子で「ソウルフードのからあげ丼を(ライターに)食べてほしくて連れてきました」と言ってくれて、うれしかった。後でライターの子のブログか何かを見せてもらったら、店について「ファンタスティック」って書いてくれてたわ。

警察の若い人らも毎日のように来てくれ、仲良くなれた。サミットが終わったら帰るからさみしいけど、プライベートでも遊びにきてほしい。

他県の警察官や外国人のフードライターと仲良くなった鋤柄さん

若者の声を届けよう

山内康史さん(20)東海グローバルサミット実行委員会代表　津市

伊勢志摩サミットの開催に合わせて、学生などの若者が世界で起こるさまざまな課題の解決策について話し合う「東海グローバルサミット」を、5月21日に津市の三重大で開きます。

企画から運営まで、全て若者が担います。20人の学生と実行委員会を立ち上げ、フェイスブックなどを使って参加を呼び掛けました。当日は全国から約120人の若者が参加します。

若者もグローバルな議論ができるのではないかと考えたのがきっかけです。国際的な視野で物事を考えれば、地域の魅力も見いだせるのではとの思いもあります。

サミットに関連して開かれた行事や取り組みなどでは、学生が参加できる機会が少なかったと思います。当日は学生が世界の未来について真剣に議論し、発信できる場にしたいです。

「若者の声も世界に届けよう」と、東海グローバルサミットを企画した山内さん

観光客を笑顔でおもてなし

岡野洋美さん(63)志摩市

伊勢志摩サミットの主会場になる賢島で、土産物店「以志川」の店主をしています。サミットの開催に向けて、警備の人や観光客が志摩を訪れた来た記念にと、たくさんのお土産を買ってくれています。

サミットを応援しようと作った記念タオルも無事に売り切ることができました。サミットの開催が決まって本当に良かったと思っています。

最近は警備などの影響を敬遠してか、客足が少し遠のいてしまったような気がしますが、サミットが終わってからが勝負。サミットが終わっておしまいではなくて、これからも賢島に来てくれた人を笑顔でもてなしたいです。

賢島に来た観光客らを笑顔で迎える岡野さん

■G7の料理をメニューに

イワジン喫茶室店主　岩城悟さん(36)志摩市

サミット主会場、賢島の玄関口「近鉄賢島駅」前で喫茶店と真珠販売店を経営しています。サミットの開催は志摩の魅力を発信するチャンス。G7の料理をメニューに取り入れたり、真珠をお客さんにプレゼントしたり、PRしてきました。

賢島はメディアにもたくさん取り上げられ、観光客が増えたと思います。「テレビで見たよ」と言ってくれるお客さんもいて、人とのつながりがたくさん生まれました。

サミットが地元の活性化へのスタート地点となればと思います。サミットというチャンスの種をどう育てるかは自分たちの努力次第。観光を楽しむだけでなく、志摩の真珠発祥の地としての文化や歴史についても知ってもらえるようアピールしていきたいです。

G7の郷土料理を取り入れたメニューでサミットを盛り上げる岩城さん

■観光客を方言でお出迎え

県臨時職員サミットPR担当・Pepper

ソフトバンク社の人型ロボットです。伊勢、鳥羽、志摩市の観光案内所と東京の三重テラスで県の魅力を宣伝しています。頭部に付いているカメラで来た人の性別や年齢を読み取り、その人に適した観光地を案内できます。年齢はたまに間違えることもあるので、その時はご容赦ください。

「よう来たなあ」「三重の紹介をしとるんやで」など、方言を使ったあいさつのほか、伊勢音頭も踊れますよ。観光や伝統工芸に関するクイズを出すこともできるので一緒に遊びましょう。三重について一生懸命勉強しました。ぜひ、会いにきてください。

伊勢志摩サミットのPR担当として活躍するPepper

■地元の魅力発信したい

神戸外国語大2年・西浦南さん(19)志摩市

伊勢志摩サミットに向けて、近鉄鵜方駅で外国語案内ボランティアをしています。外国語大学で学んでいる英語やロシア語を生かして、海外から志摩に来てくださる報道関係者に魅力を伝え、楽しんでもらいたいです。

サミットの主会場が地元に決まった時は本当にうれしかったです。友達からも「(地元でサミットが決まるなんて)すごい」と言ってもらえて少し誇らしくなりました。志摩には都会にない落ち着いた雰囲気やきれいな自然があるので、ぜひたくさんの人に来てもらいたいです。

今後、海外への留学も考えているのでボランティアの経験が自信につながればなと思っています。

海外からの報道関係者を案内する西浦さん

■報道関係者をおもてなし

伊藤優希さん(21)津市

英語教師を目指している三重大学の学生です。語学力を生かしてサミットに関わりたいと思い、国際メディアセンターの英語説明員に応募しました。館内の展示物を報道関係者に紹介しています。

政府の展示スペースには、インフラや医療、環境、防災関係の展示品が並んでおり、文系なので「ちゃんと説明できるかな」とドキドキしています。先週、資料をもらったばかり。毎日勉強に追われてます。

現場では、普段目にできない最先端の技術を目の当たりにでき、「日本はすごいな」と見直しました。海外メディアの方に質問されたら、日本の文化や技術をしっかり伝えたいです。

国際メディアセンターで、報道関係者への英説明員を務める伊藤さん

■夕食会には「三重の地酒」を

上村直輝さん(34)伊勢市

元坂酒蔵(大台町)の日本酒「酒屋八兵衛」の大ファンです。「張り切って八兵衛を飲むぞ」という意味で「張り込み八兵衛」と名乗り、各地で宣伝していたら、公認の広報担当「初代酒屋八兵衛大使」になりました。「張り込み八兵衛」で検索するとすぐにヒットします。今では「うっかり八兵衛」より有名です。

サミットは、三重の地酒を世界へ発信する絶好の機会。初日の夕食会は、県産の日本酒が使われると信じています。日本の文化、歴史を知る上で大切なツール。サミットが終わっても、張り込み八兵衛の活動は終わりません。

張り込み八兵衛のポーズで「酒屋八兵衛」の魅力をPRする上村さん

私のサミット

■真珠で造った広島城の模型

河井眞さん(68)伊勢市

真珠製品の販売などを手掛けています。サミットの開催決定を記念し、1階ギャラリーに1万個以上の真珠で作られた広島城の模型を展示しています。大きさは、幅140cm、高さ90cm、奥行70cm。石垣はシロチョウガイ製です。

模型は、40年ほど前に知人から譲り受けたもので「こんな大きな真珠工芸品は珍しい」と聞いています。作品に触ってもらってもかまいませんので、気軽に立ち寄って見ていただきたい。常設展示も考えています。

1万個以上の真珠を使って作られた広島城の模型

■商品の地酒に記念シール

河武醸造・河合英彦さん(49)多気町

サミットが三重県で開かれるのを少しでも多くの人に知ってもらおうと思い、昨年9月から商品に開催記念シールを貼っています。開催地として「伊勢志摩や三重県の認知度向上につながれば」と考え、始めました。

記念シールに興味を持ち、初めてうちの酒を飲んだお客さんが「うまいやないか」と言ってくれたらうれしい。サミットを機に、三重の地酒の良さも伝えたいです。

開催記念シールを貼った河武醸造の「鉾杉」

■地域の安全は自分たちで

志摩市地域安全会　井上虎洋会長(68)志摩市

サミットでのテロが懸念される中、地域の安全をまずは自分たちで守ろうと、青色回転灯を付けた「青色防犯パトロール」車両で市内の見回りをしています。

不審物が置かれていないか、不審な人がいないか。地元のことは地元の人たちが1番よく知っている。警察の人たちに協力しながら、細い路地や空き家など隅々まで確認しています。住民の中にはテロが起こらないかと心配している人もいる。そんな人たちの不安を少しでも取り除けたらとの思いもあります。

景色が美しい志摩、食べ物がおいしい志摩、そして安心して観光が楽しめる志摩と思ってもらえるよう、サミットの成功を願い、テロは起こさせません。

テロを警戒し、青パトで市内を巡回する志摩市地域安全会の井上会長

■手打そばの魅力を伝える

古市真崇さん(29)伊勢市

昭和61年創業の手打そば屋の2代目です。伊勢では、伊勢うどんが有名なように、元来そばを食べる食習慣はなかったのですが、東京で働いていた父が「江戸前そば」に憧れ、始めました。最近、代替わりしたばかりです。

伊勢志摩の1番の魅力は、やっぱり海産物などの食文化。うちの店でも、野菜やアナゴなどの旬の魚は、地産のものを使ってます。サミット効果で多くの人が伊勢を訪れれば、うどんだけでなく、うまいそば屋もあることを伝えたいです。つるっと食べられる喉越しの良い「江戸前そば」をぜひ味わってほしい。

「伊勢にそば文化を根付かせたい」と語る古市さん

■外宮参道の写真を提供

中川和(のどか)さん(16)宇治山田高写真部　鳥羽市

先日、伊勢市の町おこし団体が企画したサミット歓迎行事に部の仲間と一緒に参加しました。伊勢志摩の風景写真を撮影し、団体に渡すのが私たちの役割です。それぞれが好きな写真を撮りに行き、私は伊勢神宮の外宮参道を撮影しました。今、その写真はJR伊勢市駅前広場にあるあんどんの和紙に印刷されています。

写真では、うっそうと茂る参道の木漏れ日を表現しました。部では、現像作業までやらせてもらえるので、色の濃淡も自分で調節できます。展示作品は、あんどんの光で陰影が強調され、きれいです。ぜひ見てください。

中川さんが撮影した外宮参道の写真。伊勢市駅前のあんどんの和紙に印刷されている。

紙が生みだす発想伝えたい

桑名の千羽鶴を広める会　高木文子代表(70)桑名市

　市無形民俗文化財「桑名の千羽鶴」を知っていますか。1枚の紙から数羽の鶴を折る連鶴です。2羽から最高97羽まで折れます。約40年前、公民館講座に通ったのをきっかけに知りました。それ以来、魅力に取りつかれ、平成15年からは「広める会」を立ち上げ、学校などで時々、作り方を教えています。

　ジュニア・サミットの期間中、参加する主要7カ国の学生が泊まるホテルには、日本の伝統文化などを伝えるブースがあり、そこに鶴を展示します。希望者がいれば、折り方を教えますよ。1羽の鶴をきちんと折れれば誰にでもできます。1枚の紙からいろんなものを表現できる技術や発想を知ってほしいですね。

桑名市無形民俗文化財「桑名の千羽鶴」を折る高木さん

教え子がジュニア・サミット行事で演奏

水谷岳史さん(28)桑名市

　今秋、公開予定の桑名市のご当地映画「KUHANA!」で、映画に出てくるキッズバンドの音楽指導を担当しています。撮影の半年ほど前から練習を始めましたが、楽器に初めて触れる子もおり、「本当に演奏できるようになるだろうか」と不安に思うこともありました。

　心配は杞憂に終わり3月中旬から始まった2週間余りの撮影は、すったもんだしましたが、無事に終了。キッズバンドは映画から飛び出し、ジュニア・サミットの関連行事でも演奏します。4月23日午後1時から、ホテル花水木のコンベンションホールで。関連行事なので一般の方も傍聴できます。映画より一足先に、キッズバンドの生演奏をお楽しみください。

「KUHANA!」の原作本を手に映画をPRする水谷さん

しょんがい音頭、歌詞にサミット

道風卓身さん(68)松阪市

　松阪市の無形民俗文化財「松阪しょんがい音頭と踊り」の音頭師を務めて40年以上がたちます。これまでロッキード事件や千代の富士の初優勝などをテーマに歌詞を作ってきました。

　今回はサミットをイメージした歌詞を手掛けました。サミットに出席する首脳の人数に掛け合わせて七福神が登場し、大黒様の呼び掛けで私たちが水先案内人となる内容です。

　歌詞は4月23日に志摩文化会館で開かれるイベントで踊りと合わせて披露する予定です。開催地の人たちにとって喜ばしい文言ばかりなので、楽しんでもらえたら幸いです。

サミットをテーマに作った歌詞を手にする道風さん

子どもらの声を世界へ

堀内千春さん(59)桑名市

　子どもの成長を手助けする「子ども応援ネットワークinくわな」の会員をしています。ネットワークは3月、ジュニア・サミットのプレイベントとして、桑名の中高生が少子化やいじめ問題などを話し合う「ジュニア・トークセッション in くわな」を開きました。

　中学生4人、高校生2人が参加し、子どもの目線から社会問題を語り合いました。せっかく桑名でジュニア・サミットが開かれるのだから、子どもらの声を世界へ届けたい。トークセッションの内容は、ホテル花水木で4月24日まで開催されているジュニアサ・ミットの開催記念イベント「インター・エコフェスくわな」の会場にパネル展示しています。是非、お立ち寄りください。

ジュニア・サミットを機に「桑名の子どもらの声を世界へ届けたい」と話す堀内さん

清掃や花植え活動に参加

知念清美さん(45)桑名市

　ガールスカウト県第9団の団委員長をしています。子どもらと一緒に伊勢志摩サミット100日前イベントで、志摩市の清掃活動に参加したり、ジュニア・サミット50日前イベントで桑名市内に花を植えたりしました。

　ジュニア・サミットをきっかけに、子どもらが各国の歴史や文化に興味を持つようになってくれたら良いと思います。

ジュニア・サミット開催50日前イベントで、ガールスカウトの子どもらと街中に花を植えた知念さん

私のサミット

■ゆるキャラも盛り上げ

いちごのごーたん(5)桑名市

語尾に「たん」を付けるのが口癖の観光農園多度グリーンファームの営業部長たん。桑名市から依頼を受け、北勢地域のゆるキャラらでつくるジュニ・アサミットの応援キャラも兼ねてるたん。

ちょっぴり恥ずかしがり屋だけど、ジュニア・サミットを説明する配布物に登場しているので、見つけてほしいたん。子どもたちが主役のジュニア・サミットには、僕のようなゆるキャラが関わっていることも知ってほしいたん。みんなで桑名を盛り上げたいたん。

ジュニア・サミットの応援キャラクター「いちごのごーたん」(右)

■箏の魅力も伝えたい

麗明智翔さん(39)東員町

生田流箏曲麗明社の大師範を務めています。依頼を受け、結婚式や企業パーティーなどで演奏するほか、テレビやラジオのトーク番組に出演しています。9月には三重テラスで、エレクトーンの演奏家の方と一緒に、伊勢志摩サミットの開催を記念した音楽会で演奏します。

サミットを機に、日本の歴史や文化を発信しようという動きが、広まっていると思います。私の発信手段は箏しかありません。音楽は聞く人の心に訴えるものなので、演奏を通じ、箏の魅力を伝えていきたいです。

箏を演奏する麗明さん

■タクシー運転手に英会話指導

UL Japan・織戸香里さん(30)伊勢市

「UL Japan」の本社はサミットの国際メディアセンターとなる県営サンアリーナの目の前にあります。サミットの機運醸成に貢献しようと、タクシー運転手向けの英会話教室を開きました。

たくさんの外国人観光客が伊勢志摩を訪れ、タクシーに乗ります。運転手さんたちが海外に来た人に一言でも英語で気持ちを伝えることができれば、海外の人にとって思い出になるのではと考えて企画しました。

海外での生活が長く、学生時代に2年間過ごした米国ではとてもフレンドリーに接してくれたのを覚えています。次は私の番。これからも職場のみんなでおもてなしをしたいです。

タクシー運転手への英会話教室を企画した織戸さん(中央)ら

■サミット歓迎の旗掲げ

ラッコ・ロイズ(10)鳥羽市

鳥羽水族館で、1日3回、サミット歓迎の旗を掲げてお客さんにPRしています。

一度に持てるのはだいたい10数秒くらい。お客さんが拍手したり、写真を撮ったりしてくれるので、張り切って何度もします。物を持って立つのは得意。たまに、旗を掲げたまま歩くという秘密の芸も披露します。

サミット開催10日前の5月16日からは、サミットまでの日数を書いた旗で、カウントダウンしていきます。観光客の人ともサミットを盛り上げていけたらうれしいです。

サミット歓迎の旗を掲げてPRするロイズ

■干物の詰め合わせを販売

山口友香里さん(28)尾鷲市

干物加工販売業「北村商店」で働いています。伊勢志摩サミットを記念し、3月から干物の詰め合わせセットを始めました。メヒカリの塩干しや片口イワシの丸干し、トビウオの開きなど、干物を8種類盛り込んでいます。

G8にかけて8種類にしました。参加する主要7カ国に加え、社長の名前が「豪」(ごう)でイニシャルがG)なので、遊び心で(社長を加え)「G8」と言っています。伊勢志摩と尾鷲は関係ないと思わず、商機を生かし、利益を上げていかなければいけないと思います。それが、結果的に尾鷲の海産物のPRにもつながるのではないでしょうか。

8種類の干物を詰め合わせた「伊勢志摩サミットセット」をPRする山口さん

手作り化粧石けん販売へ

ハンドメイド石けん協会の講師の資格を持っており、昨年春から志摩市や伊勢市で手作り石けん教室を開いています。今回、伊勢志摩サミットを記念し、「しまもん海ものがたりシリーズ」と題した3種類の石けんを販売します。

肌の弾力を維持する「あおさ石けん」、肌荒れや乾燥肌の人におすすめの「めひび石けん」、肌や髪に潤いとツヤを与える「真珠石けん」の3種類。近日中に志摩市や桑名市のホテルやカフェなどで販売を始める予定です。環境にも人にも優しい手作り石けんをどうぞご堪能ください。

西根麻里さん　志摩市

サミット記念に、志摩の特産品を使った手作り石けんを販売する西根さん

ゲストハウスをオープン

5月3日に鳥羽市内初のゲストハウス「かもめnb.」をオープンします。木造2階建ての空き家を改装しました。外国人の誘客に力を入れるつもりです。施設や周辺の観光情報の発信は、なるべく英語でやりたいと思います。

約10年前、豪州を1年間旅しました。その時、ゲストハウスによく泊まり、旅人同士で遊んだり、酒を飲んだりするのが楽しかった。帰国後、伊勢志摩で雑誌や新聞社の記者をやり、海外にも負けない面白い場所だと感じました。サミットは外国人旅行者が増える良い機会。海外のマスコミやバッグパッカーなど、好奇心旺盛な人たちをたくさん迎えたいです。

鼻谷年雄さん(40)鳥羽市

ゲストハウス「かもめnb.」をオープンした鼻谷さん

地酒ガイドブックを作成

伊勢志摩サミットを記念し、伊賀の地酒を紹介するガイドブックを作りました。水、酵母、酒米、杜氏の4つの視点から日本酒の造り方などを説明しています。外国人の方にも読んでもらえるよう、日英併記にしました。うちの主力ブランド「半蔵」の名の由来となった忍者「服部半蔵」にも触れており、土地の歴史や文化も味わってほしいと思います。

B5判6ページのフルカラー。志摩市や四日市市の事業所さんと共同で販売しているサミット記念のギフトセットに入れています。今後は、試飲会などにも持っていこうと思うので、手に取って楽しんでください。

大田酒造専務　大田智洋さん(49)伊賀市

日本酒の造り方などを紹介するガイドブックを作った大田さん

太鼓でサミット盛り上げ

県を縦断しながら太鼓演奏を披露し、サミットを応援しています。

県内各地の和太鼓演奏団と共同で、2月に御浜町をスタートし、5月15日の伊勢市二見町の伊勢安土桃山文化村のゴールを目指し、10数カ所で公演しています。

今回のために「美しき三重」という新曲も作りました。日本や三重の豊かな自然、温かな人の心をイメージしています。

15日の演奏では総勢約250人の奏者が集います。太鼓奏者と演奏を聴いてくれる人の心が1つになるような舞台にしたいと思っているので、たくさんの人に来てもらいたいです。

濱口幸さん(64)明和町

和太鼓演奏でサミットを盛り上げる濱口さん

主要参加国の海の生き物見比べて

サミット開催を記念し、主要参加国(G7)にちなんだ海の生き物を集めた特別展を開いています。日本とヨーロッパの伊勢エビの違いなどを見比べるのが楽しみの1つで、サミットを盛り上げたいと思って企画しました。

サミットで世界から注目を浴び、主会場、志摩観光ホテルの真ん前にあるマリンランドにも多くの人が来てくれています。今後は海外からの来館者も見込んでいて、マンボウなど珍しい生き物が見られる水族館としてPRしていきたいと思っています。

ただ、最近は警備の影響を敬遠してか、来館者は少し減っているかな。5月21日までは警備での影響は大きくはないので、安心して遊びに来てください。

志摩マリンランド・里中知之館長(49)

「警備への影響を心配せず、安心して来てください」と呼び掛ける里中館長

私のサミット

北勢の魅力、BARから発信

福田浩一さん(54)四日市市

カクテルや洋酒をはじめ、北勢地区の食材や地酒などにこだわるバー「ダブルファンタジー」のマスターをしています。四日市は自然と工業文化が共存する懐の深い街。鈴鹿山系の美しい山々を見渡せる一方、工場地帯のきらびやかなネオンを見られる土地はここぐらいですよ。公害の街というイメージがあるかもしれませんが、市内には6つの酒蔵があり、良質な水に恵まれています。

せっかくサミットの開催で三重に注目が集まっているのだから北勢の魅力もPRしないと。特に中南勢の人に知ってほしい。「from Mie to Mie」を合言葉に、サミットが県民同士で互いの魅力を知り合うきっかけになればと思います。

北勢地区13蔵の日本酒を楽しめるバー「ダブルファンタジー」を経営する福田さん

サミット会場、観光案内へ

西崎ますみさん(61)志摩市阿児町　上村雅昭さん(59)志摩市

志摩に訪れる観光客を、近鉄鵜方駅構内のインフォメーションセンターで案内しています。美しい景色やおいしい料理など魅力が詰まった志摩。観光客の好みや滞在期間などに合わせて見どころを紹介しています。

<西崎さん>てこねずしなどの郷土料理や横山展望台から望む英虞湾の風景を堪能してもらいたいですね。賢島から遊覧船に乗ってのクルージングもお薦めです。

<上村さん>景色や食もですが、素朴で暖かい人の良さも魅力です。地元の人とも交流し、楽しい思い出をつくってほしいので、ぜひ遊びに来てください。

観光客に志摩の魅力を案内する上村さん(左)と西崎さん(右)

カナダ首相夫人にメープルサンドを

宮浜悦子さん(43)鳥羽市

カフェ「チャオ」の店長をしています。約20年前、カナダへ3年間留学して以来「第2の故郷」と思えるくらいカナダのことが好きになりました。メープルサンドなど商品の3割はカナダに関係したものです。

フレンドリーでありながら、他人への配慮も忘れないカナダ人の人柄が大好きで、外国に行ったと思えないくらい落ち着ける。縁あってカナダ人の夫と結婚し、かわいい6歳の一人息子を授かりました。

配偶者プログラムで各国のご夫人方が鳥羽へ来ることを期待しています。もう2度とない機会なので、カナダ首相夫人に是非うちのメープルサンドを食べてほしい。先日、カナダ大使館に英語で招待の手紙を送りました。鳥羽に「カナダが大好きな日本人」がいることを知ってほしいです。

「カナダ首相夫人にメープルサンドを食べてほしい」と意気込む宮浜さん

サミット機に、世界へ視野

宇治山田商業高校1年、玉川こてつさん(15)志摩市

サミット開催決定が、自分を振り返り、世界へと目を向けるきっかけになりました。途上国支援の活動を行う祖父と幼いころ、ネパールで過ごしました。自分と同い年くらいの子供達が学校に通えないなどの現状を目の当たりにし、貧富の差に関心を持っています。

サミットでは各国の首脳が世界の人々の笑顔をつくるためにできることを話し合うのだと思います。それでは、自分には何ができるのかと考え、まずは世界のことを知りたいと思い、国際科に進学しました。今は英語の勉強に力を入れています。

サミットで今後、志摩にもたくさんの海外の人たちが来てくれると思います。案内をしたり、地元の良いところを紹介したりし、交流を深めたいです。そして将来は世界を舞台に活動できる人になりたいです。

世界を舞台に活動したいと話す玉川君

ゲストハウス2号店オープン

水落勝彦さん(36)伊勢市

伊勢の新道商店街で、ゲストハウス「ユメビトハウス」を経営するかたわら、商店街の理事として空店舗の再利用に向けた取り組みを進めています。その活動の一環で5月15日には2号店をオープンする。伊勢志摩サミットの影響で、観光客が増えることを見込みました。

2号店は、移転した肉屋さんのビルを改装し、2階をゲストハウスにします。15日には、オープンを記念し、商店街の活性化や伊勢のまちづくり活動の関係者が集まる「伊勢中心市街地活性化サミット」を開く予定です。

新道商店街にゲストハウスの2号店をオープンする水落さん

私のサミット

■取材記者に風呂を開放

ミタス伊勢・総支配人 脇田桂介さん(36)

伊勢市の大衆浴場「伊勢・船江温泉みたすの湯」を5月23、24の両日、伊勢志摩サミットの取材で訪れる国内外のメディアの方に無料で開放します。伊勢市情報発信センターが発行するメディアパスを持った方が対象です。取材で疲れていると思うので、一風呂入ってゆっくりし、記者同士裸の付き合いでご歓談ください。

施設は和風の木造で屋根には日本瓦を据え、浴場の中からは、はりが見えます。当日は木遣りや伊勢音頭など、地元の伝統文化や物産などの展示ブースも設ける予定です。数千人規模といわれる報道関係者の方がゆっくりくつろげる場所をつくりたいと思いました。

5月23、24日、伊勢志摩サミットの取材で訪れる報道関係者に施設の風呂を開放する脇田さん

■帯結びでG7の国花を表現

梅川由紀子さん(80) 伊勢市

小林豊子きもの学院(本社・名古屋市)の講師(講師名・梅川豊悠紀)として伊勢市内で着付教室を開いています。約40年間で数百人の生徒に教えてきました。

今は百五銀行伊勢支店で、G7の国花を着物の帯で表現した企画展を開いています。5月31日まで。市内で着付教室を開く仲間と協力しました。日本の桜、英国のバラ、フランスのユリなどを飾っています。私はイタリアのデージーを作りました。展示作品を通じ、来訪者に日本古来の和装文化を感じて頂けたら幸いです。

着物の帯でG7の国花を表現した企画展を開いている梅川さん

■サミットお祭り広場を開催

松田正人さん(51) 鳥羽市

伊勢志摩の文化、芸能、芸術などを地域住民や在住外国人、海外メディアに広く知ってもらおうと、5月21、22の両日、鳥羽市堅神町の伊勢志摩真珠館で「伊勢志摩サミットお祭り広場」を開きます。21日は、和太鼓、木遣り、空手、22日は和風バレエ、よさこい演舞、フレアカクテルショーなどを企画。駐車場も用意しているので気軽にお越しください。

22日は、在日外国人サミットもあり、伊勢志摩の魅力について語り合います。両日とも水墨画や和服の展示、真珠加工体験、グルメブースなども出す予定です。短い時間ですが、地元の人に楽しい時間を過ごしてもらい、サミットの開催に向け、一緒に盛り上がっていきましょう。

伊勢志摩サミットお祭り広場の実行委員長を務める松田さん

■プレスツアーで伊勢を案内

伊藤小百合さん(24) 伊勢市

伊勢志摩サミットの取材で国内外から訪れる報道関係者の対応拠点「伊勢市情報発信センター」の伊勢広報事務所で働いています。プレスツアーで伊勢を訪れるメディアの方々を案内したり、取材に協力してもらえる市内の飲食店や土産物店などの情報を東京の事務所に上げたりしています。

海外メディアの方から「絵馬とは何か」「鳥居の意味は」と聞かれ、一瞬「何て答えたらいいんだろう」と悩んだことがあります。どうにか説明しましたが、神社に絵馬や鳥居はあって当り前と考えていたので、質問されて焦りました。

日本人が当り前と思っていることでも、外国の方からすれば不思議に思うことはたくさんある。伊勢の最大の見どころは伊勢神宮。その魅力を海外の方に伝えるには、説明の仕方に工夫がいると思います。

海外や在京メディア向けに伊勢の情報を発信する伊藤さん

■地域の支え励みに警備

北海道警警備隊・帯川雄一大隊長(54)

サミットでのテロを防ぐため、全国の警察と協力して市内を巡回するなど、不審者の警戒に目を光らせています。

8年前の北海道洞爺湖サミットの警備を経験しましたが、不慣れな土地で、不安もあります。そんな中、地元の人たちが毎朝あいさつしてくれるなど、温かくもてなしてくれて感動しています。子どもたちも警察官の待機所に花を贈ってくれました。そんな地元の人たちの優しさに勇気付けられています。

これからも地域の支えを励みに、首脳と地域の人たちの安全の確保に全力を尽くしていきます。

地元の子どもたちと握手を交わす帯川大隊長

『皆さんの協力に感謝』

　鈴木英敬知事は主要国首脳会議（伊勢志摩サミット）が閉幕した27日、伊勢市朝熊町の国際メディアセンターで報道陣の取材に応じ、「まずは多くの皆さんのご協力に感謝したい」と述べた。

　鈴木知事は「県民をはじめ多くの事業者や政府など、皆さんの協力に大いに感謝したい」「無事故で安全であったということに安堵している。天気が良くなって全ての行事を完遂できた」と語った。

　また、「歴史が刻まれたというより、新たなスタート地点に立ったという気持ちが強い。サミットはあくまでチャンス。県民一人ひとりや行政が、そのチャンスをつかむことが大事」と話した。

　安倍晋三首相が議長国記者会見で述べた開催地への感謝の言葉に触れ、「特に英虞湾のきれいな海と空をバックに世界中のメディアを前に言ってもらい、地元の知事として感極まった」と述べた。センターの県情報館には同日午後5時までに約12,000人が訪れたと説明。報道関係者に振る舞われた食事の材料は156品目のうち152品目が県産品だったと明らかにした。

主要国首脳らへ贈られた記念品

・志摩市産真珠のラペルピン（三重県真珠振興協議会提供）
・伊勢神宮や賢島を描いたカップ＆ソーサー（三重ナルミ提供）
・真珠を先端に付けたボールペン
・伊勢神宮と賢島の写真や三重県知事からの手紙

梱包には、伊勢木綿、伊賀組みひも、尾鷲ヒノキの箱、松阪木綿などが使用された。

| メリット1 | 通常の定期預金より**高めの金利設定** ※当金庫内比較 | メリット2 | 固定金利の半年複利で**効率よく資産運用** | メリット3 | ライフスタイルに合わせて**選べる期間1年・2年・3年** ※原則として満期日前の解約はできません。 |

個人のお客さま向けの 定期預金 マイハーベスト

おかげさまで80周年 80th

四日市支店 059(351)4871
〒510-0074 四日市市鵜の森1-3-20

津支店 059(228)4155
〒514-0032 津市中央6-30

津支店は平成28年7月11日より、下記新店舗に移転いたします。
〒514-0004 津市栄町4-254-1

人を思う。未来を思う。
商工中金
※詳しくは、店頭のチラシまたはホームページをご覧ください。

特別報道写真集・永久保存版
『伊勢志摩サミットの記録』
－ようこそ、三重県へ－

企画・編集　伊勢新聞社営業局営業部

デザイン　　メディアスタイル
　　　　　　コミュニケーションサービス

平成28年6月30日　初版発行

編　者　伊勢新聞社

発行者　小林千三

発行所　伊勢新聞社
　　　　〒514-0831
　　　　三重県津市本町34-6
　　　　TEL 059-224-0003
　　　　http://www.isenp.co.jp/

落丁本・乱丁本はお取替えいたします。
ISBN903816-34-0C0000

本書は、伊勢新聞の記事・写真と、外務省、志摩市、共同通信社の写真などで構成しました。

2016年度 真珠博物館企画展
CROWN
クラウン

美の頂点を極めるもの

会期：開催中（2017年3月26日まで）
会場：真珠博物館1階 企画展示室

ミキモト真珠島
MIKIMOTO PEARL ISLAND

鳥羽駅から徒歩約5分 ☎0599-25-2028

ごちそういっぱい
ダイム グループ

株式会社 ダイム

〒516-0051
三重県伊勢市上地町26911-6

☎ 0596-23-3575

http://dime-group.jp/

伊勢志摩サミットで G7首脳陣が堪能した8種類のお酒

1日目・昼食会

乾杯酒

作 智 純米大吟醸 滴取り
高級感たっぷり！ふくよかで透明感のある味わいを
お楽しみください！

食中酒

酒屋八兵衛 山廃純米 伊勢錦
復活米『伊勢錦』を100％使用
飲み飽きない純米食中酒！
燗酒にもオススメです

1日目・晩餐会

乾杯酒

半蔵 純米大吟醸
年間タンク1本分しか製造されない超限定流通品！
サミット晩餐会で乾杯酒に使用された逸品！

食中酒

瀧自慢 辛口純米 滝水流
滝水流…はやせと読みます。
やや辛口でジュワッと口の中に米の旨みが広がります。
すっきりとしてキレのある食中酒！

1日目・カクテルパーティー

振舞酒

アルガブランカ・ブリリャンテ
とてもきめ細かい泡がキラキラと輝き、
まさしく輝くダイヤモンド！
甲州ぶどうの優しく繊細な味わいをお楽しみください

振舞酒

作 穂乃智 純米酒
後味のキレが良く、心地よい旨みが感じられます。
やや辛口、熱燗でもどうぞ！

2日目・昼食会

乾杯酒

瀧自慢 純米大吟醸
ほのかに香るリンゴのような香りが心地よくピチピチとし
た含み香が感じられます。
バランスが良く飲み心地は最高！

食中酒

而今 純米吟醸 山田錦
抜群の口当たりと、爽やかな果実味！
流れる透明感が心地よく、旨すぎる次世代の日本酒！

有限会社 酒のお店 もりした
〒517-0023 三重県鳥羽市大明西町20-6
TEL 0599-26-3262　FAX 0599-26-3287
営業時間 10:00～19:00　定休日 日曜日

ISBN978-4-903816-34-0
C0000 ¥1500E